ESCRIBIR LA HERENCIA

ÆREA | *carménère*

Concepción Andrada

Escribir la herencia

861   Andrada, Concepción
A   Escribir la herencia / Concepción Andrada
        -- Riells i Viabrea : RIL editores-Ærea |
        Carménère, 2026.

        56 pág. ; 23 cm.

        ISBN: 978-84-10248-84-7

        1 POESÍA ESPAÑOLA. 2 LITERATURA ESPAÑOLA.

Ærea | *carménère*

Serie fundada por Eleonora Finkelstein y Daniel Calabrese
Edición al cuidado de Paco Najarro

Escribir la herencia
Primera edición: febrero de 2026

© Concepción Andrada, 2026

© Ærea, 2025

Un sello de RIL® editores
Sede Santiago de Chile: Los Leones 2258 • cp 7511055 Providencia
☽ (56) 22 22 38 100 • ril@rileditores.com • www.rileditores.com

Sede Valparaíso • valparaiso@rileditores.com

Sede España • europa@rileditores.com

Composición e impresión: RIL® editores
Diseño de colección: Marcelo Uribe Lamour
Imagen de portada: Spencer, Lilly Martin. *Peeling Onions*, c. 1852. Óleo
sobre lienzo, 91.4 x 73.7 cm. Cortesía de la Memorial Art Gallery de la
Universidad de Rochester, Rochester, NY.

Impreso en España • *Printed in Spain*

ISBN: 978-84-10248-84-7
Depósito Legal: GI 226-2026

La reducción al número
o la tierra quemada

Escupir apenas palabras cuando
en realidad quisiera escupir fuego.

NOELIA PENA

LOS BORDES DE LA MIRADA O LA TAREA INFINITA

no te quemes más la lengua

en la mano que es arena
un colapso
en los bordes del plato la comida estará algo más fría

no te quemes la lengua su encarecimiento hasta dejarnos
agotadas no nos saciará la comida en el plato

un poder invisible que no dejará huesos ni fuerzas

bajo la llanura de tejido y de barro luego del deshielo
quisimos saber más del mundo y su tarea infinita

todo recto y no nos perderemos
hay algo desafiantemente humano desolador cuando
crujen las pisadas

el plástico, el humo, el ácido, el mundo hecho insignificante
donde no hay huesos para golpear

enumerar el pasado será
un entumecimiento incorpóreo
para este habitar de la lengua húmeda

EFECTO MECHA O DE CÓMO UN CUERPO ESCRIBE A OTRO

Ya no era vida.

Estamos afirmando a la máquina: arde un cuerpo en primera persona del plural.
Hectáreas de tierra calcinada. Un sinsabor de perdido arraigo.
Está escupiendo cuerpos el mar. La gran maquinaria que escupe.

Pudimos vivir sin amor, pero no sin agua.

> *La realidad se equivoca,*
> *ya no es necesario que finjamos.*

Tu cuerpo era ese espacio en blanco en el cual escribir con torpeza sobre espigas anónimas en ese día en el que fuimos amparadas por la soledad.

> *La insignificante eternidad de los organismos*
> *amputados por el silencio cómplice.*

O era el algoritmo o el destino: incrustadas en nuestras horas las heridas curadas por un sueño yermo.

Cuando un fuego lame la madera, lame el tiempo.

Nunca estuvimos, aunque nos necesitáramos. Todo sea por el relato de cómo un cuerpo duerme a otro.

Los cuerpos también necesitaron siglos como la madera.

Hogaño

Cortemos las carreteras por donde transitan esos incautos del fruto que estalla en los pavimentos, lo despojado se nutre de nuestros pasos, sus voces planean hacia una imponencia heredada de matorrales venosos de fe.

Encaminémonos a las escuelas para que sospechen de la pulpa, el intercambio y la producción de los anhelos.

El año presente poda sustancias al mapa, antes de partir apriétanos, oh, envuélvenos en la materia de nuestro desasosiego.

Consumiremos este año bajo una luz fuera del consenso: fresas blancas queman en la boca.

Nos deleita la idea de no parecernos a ellos.

LA DEUDA

aprieta fuerte los ojos
revienta queriendo
este silencio os lame una y otra vez

existe una nada que se ejercita
inmaculada de obligaciones

para el anclaje
no exige jaulas ni lemas

basta la tasación paladeable
cráneo adentro

LA MENTIRA INACABADA

al retomar la sombra de vuelta planificamos el vacío de
los enunciados
tal como nos enseñaron
resistimos a la crueldad de los límites del entendimiento
ahora
fingimos mejor al elegir entre el abismo y lo ordenado por
un llanto

¿hay algo más hondo que la mentira?

¿recuerdas el día en el que de pequeña aprendiste a
mentir sentada en un pupitre verde?

Contra la fiebre

Era yo una persona protegida por manos en mi fiebre
Mª Victoria Atencia

Este reiterar de las sin entrañas
en su cuerpo de légamo desnudo
cuando el termómetro postula a órgano
vital para toda supervivencia
con miles de bocas que se sinceran
en las inmediaciones del fervor.

Este suplicio ya domesticado
en donde no hay fruto, sino fiebre impar.

Este complejo de creerme libre
una y otra vez cuando colisiono.

Fósforo contra rugoso terreno.

Como quien ahuyenta la utopía
del primer aplauso firme este fuego,
airada cerilla sin eslabón,
para que no arda, para que no queme.

Para que no arda, para que no queme,
para que no deje respirar,
que nunca sea mecha primigenia, roce, salvación
de yemas en llamas.

La cura contagia el cuerpo esquivo,
este indigente esfuerzo, amiga,
de alumbrado recoveco torcido
por humillarme con su mortal círculo
incrustado bajo dóciles certezas.

Para que no arda, para que no queme.

EL TEXTO DE LA COCINA
O UN MUNDO MAL TRADUCIDO

En casa vivíamos sin palabras y las cosas que yo llevaba por dentro me daban miedo porque no sabía si eran mías...

MERCÈ RODOREDA

El trabajo o la imperfección del mundo

Miro desde la ventana la imperfección del mundo.

Nos hicieron creer en la máscara,
en un bosque de datos húmedos.

La imperfección es refregar
con un trapo
las humedades de la pared de la habitación donde en
invierno no da el sol.

Refregar la pared, el texto de la pared, esas inscripciones
que narran la civilización con la violencia del nacimiento
y la emancipación sucia y egoísta. Esos mapas deformados
—*borrada del mapa*— pensé.

Veo el mundo desde mi ventana —*cómo en casa en ningún
sitio*—.

El blanco de las paredes me hace capaz de ensayarlo todo,
capaz de cargar con toda la miseria del mundo.

De mí nadie se preocupa y yo me preocupo por todos.

Soy el barro improductivo conquistado contra ellos.
Nunca dejaré que se lo apropien.

Hemos limpiado alrededor del mundo, una esfera
defectuosa, una capa de lodo, un centro y una periferia
rebosante de mierda.

Hemos usado guantes desechables, y a veces, el frío nos causa sabañones. *Tengo una alabán de cosas que hacer. Nunca me siento.*

Un frotar alrededor de un mundo fabricado por timadores para el vértigo el tiempo libre. *Guardo el olvido.*
En la rinconera: me tocará refregar un recuerdo hecho de pellejos.

MECAMÍSTICA DEL FIN DEL MUNDO

Imaginas que acabamos
del todo sin cebo con este abuso.

Antes, el fin del mundo.

Imaginas una tachadura en lo angosto del sistema
de la herencia.

Antes, el fin del mundo.

Y el calor de agosto se adelanta. Sobre la cama en la hora
de la siesta caigo sin remedio. No hay milagros. Solo
aguante. La cocina es una resolana. Una estrella que arde.

Hay que esperar a la buena hora, cuando se levante un
poco de brisa:

te ofrezco mi nada que ofrecer,
la aniquilación del ídolo, la gloria de los sedimentos.

Tu desnudo errante, amiga.

Antes del gran incendio

con el humo que maldice.

Me quedaba allí e iba tocando el agua hasta que estuviese
caliente.

La coordenada
debate acerca de una misma, sobre ese punto en el que
terminó lo autorreferente al no quemar ni resistir.

El aire se volvió visible
y por fin supimos ver
lo que respirábamos.

Poema a la rutina o el trapo en la mano

arrecía desabor se aposa en mis piernas descansa sin
apenas fuerza
para la representación del amor
son las cursivas los nervios ante aquello invisible
no hay huesos por golpear
discurso al aire al tiempo que agarra el trapo en la mano

tarea de filmar el paisaje o de inscribir cuerpos

el trapo en la mano el artificio de la rutina
sea exacto el minutero
dentro de esta imposibilidad
una intemperie dialéctica de cortinas
un ventilar la habitación un frotar las manos

y el texto de la cocina se cristaliza en el texto del mundo

sois vosotros las piedras que me pesan
me desviven

sé muy bien el orden que tienen que tomar las cosas

CANCIÓN A UNA MUCHACHA PRECARIA

Oh tú, canción que a un cuerpo muerto o vivo
Vicente Aleixandre

¿Dónde está todo lo que queda grabado en el cuerpo
al dar las gracias?

Todo queda grabado en el cuerpo. Da las gracias, dime,
nos están haciendo un favor.

Oh, nuestro deseo queda focalizado en las ganas de
desaparecer (*¡Qué desaparezcan ellos! ¡Qué desaparezca
todo!*)

Vamos a desaparecer. Gracias. En mitad de la inmejorable
falsedad encarnada del consenso
en la noche sin estrellas
último brillo gaseoso

borraremos la retina de unos nietos
de cobre sin fuentes
de obsolescencia sin estaciones.

Dime, nos pensaron insignificantes hectáreas de tierra
abrasada deslocalizaciones de una vida que ahí afuera no
merece, la vida no merece.

Oh, canción que a un cuerpo muerto o cansado sabes de
indignos amos que exponen a la realidad

caníbales concertados de tu memoria
o de cuando los ríos que desembocan no van a dar a la
mar.

Oh, a punto de dormir eres como el gran amor que se
escabulle con el rostro volviéndose fofo.

Dime que has imaginado has visto un humo oscuro al
final del día en la chimenea de la fábrica abandonada que
era del color del perro o del lobo la señal de los ausentes
para que iniciásemos fiebre o carne para que chillásemos
fingiendo todos los orgasmos de los derrotados

para que la peste a mercado hediera las cortesías de
palmas manoseadas en un sudor que estorbe

al silenciar que de la nada no hay dónde sacar.

Oh tú, muchacha precaria,
el cuerpo muerto no da las gracias ni celebra las malditas
migajas.

Juntas o cartografía de las ruinas

Esa noche acabaremos todas juntas
adorando un pavor de las afueras, creyendo ser lumbre,
brillo, luz despojada
en las gotas de un mundo que despreciamos.

Lo antojadizo vuelve a ser sólido, esperamos a reunir
todos los nombres.
Tenemos los ojos abiertos en lo ignorado.

Cada uno de esos nombres
que llevo dentro de las costillas y que asustan,
un código colapsado por ceros,
más allá un vértigo rebota entre hueso y precipicio.

Una violencia de dentro afuera. Mis órganos me golpearán
hasta que la piel se queme. De dentro afuera, un destello
que quema, de dentro afuera.

Juntas
nos refugiamos en los cachos sobrantes,
nos escondemos de todo lo acometido en el nombre de la
normalidad.

Relatan las mujeres que esperan el autobús a Arroyo de la Luz en 2019

un abrigo viejo, el de siempre, salió bueno, sobre la rueda
de la vida y los nacimientos

que se vigile la analítica

compra una estufa, a las cinco y media se está haciendo de
noche, mi sobrina hoy no tenía clases, una voz con cuerpo
que derrama en los sumideros que pisamos, un olor que
se levanta los días de lluvia y por las tiendas cerradas para
siempre

ahora me cuesta comprenderla a usted, cada día un poco
más, romero sobre las cabezas modorras donde todas las
santas poseen los ojos de tizón

si te fijas
los ojos de haber llorado como hace tiempo que no
lloraban tienen
pero aquí deben disimularlo

Una madre y un hijo habitan las nieblas

[El hijo sale. Hace como que golpea al vacío]

//////////mi madre
me lleva hasta la parada de bus me cocina
me baña
me refriega la ropa
me lava y me refriega como si fuera un trapo me lame los
arañazos
golpea el cristal del bus para que la mire mientras me dice
adiós con la mano

yo nunca me muevo
nunca me moveré
[El hijo queda inmóvil. Sale una madre]

//////////mi hijo su disfraz de materia
cuando soplo la comida que arde en su plato ese plato que
rebaña
siento orgullo

[Entra otra madre, mientras que la madre anterior limpia
el suelo con su cuerpo]
Refriego con un trapo las humedades de la pared de la
habitación donde en invierno no da el sol

[Sale otra madre, mientras que la madre anterior limpia el
suelo con su cuerpo]
Refriego con un trapo las humedades de la pared de la
habitación donde en invierno no da el sol

[La última madre limpia al hijo. El hijo no se mueve]

Soñé que mi madre era otra madre y tenía heridas en la
cara, me hablaba con suavidad sin preocupación.
Miré mi dedo gordo izquierdo y no paraba de sangrar.

No temamos a nadie en lo hondo de esta mentira.

[El hijo. Monólogo. Habla y camina mientras enciende luces]
No me permite crecer
mamando de la teta durmiendo en el mismo lecho
a veces, las cosas son exactamente lo que parecen.
Recuerdo justo hace un año una tarde como esta
en la que el escalofrío era el mismo
en estas fechas el agua del grifo adquiere un raro sabor
sabe a hoja muerta en el suelo, pisoteada sabe a lo contrario
de la vida.

[El hijo coge un vaso de agua y bebe de él]

Es el día para recordarlo todo de nuevo a través del crecimiento de raíces
nunca una persona a la que poder amar hasta el final
siento un placer de la lengua un olor impasible en el recuerdo cuando era cuidado

Cuando habitaba [la madre relata]

triturando piedras en la cabeza
hay algo ahí que todavía no existe

entre la humedad dada   al prefijo   la célula   el embrión

antes de la existencia
nos salvará el rescate de los cuerpos

me proclamo enemigo de quien no me permita

[La madre. Piedra sobre su espalda. Pela patatas sin parar. Semiótica de la cocina. La madre apaga las luces que el hijo se quedó encendidas]

Cuando se han ido
Voy por todas partes apagando luces.

Y me siento en la cama como una mujer invalida,
una mujer maltrecha
Nunca creí que llegaría a ser la madre, la otra, y no
fue así.
SHARON OLDS

arrecía desabor se aposa en mis piernas descansa sin
apenas fuerza para la representación del amor
son las cursivas los nervios ante aquello que es invisible
os tiene como piedras sobre la espalda

mi vida, mi cocina esconde siglos, el peso de las piedras
el suelo de la cocina tritura las piedras de la cabeza
en la rutina oculta sintiéndolo sobre la espalda el tiempo
enquistado

siendo todas las madres múltiples

soy vuestra
habito este espacio limpio ordenado una caricia
todo debe estar perfecto

me guardo como el pañuelo de tela dentro de la manga la
vida ahí afuera es imperfecta
hago kilómetros de una habitación a otra, abro y cierro
puertas, ventilo

si asomo la cabeza por la ventana
nubes hexagonales en el cielo

en distintas épocas de mi vida enuncié distintas
mentiras
eran necesarias
soy cómplice de la ficción y la naturaleza

La mentira y el silencio tallados en mi cuerpo

[Hijo y madres a la vez]

tan inútil
tan inservible
aquí está la piedra

aquí estamos
tan para la nada

      Madre: yo solo quiero lo mejor para ti.
      Hijo: no puedo respirar ni habitar una niebla.

Me voy cuando empiece el rebullicio de los pájaros.
A la noche ya dejamos las maletas hechas.
LUZ PICHEL

[El hijo explica a la madre]

Residimos en la pobreza de los significados, madre.
Residirás en las afueras, te cuidarán como nunca
personas que estudiaron para cogerte con toda la fuerza
del mundo,
tu peso y el mío, el de una roca.

Tu boca recibirá la comida más sana la más inofensiva.
Piernas como de un fantasma.
Ya no sientes.

[La madre explica al hijo]

Esa fuerza no existe, no habita mi cuerpo
¿volveremos?

Nuestros cuerpos, nuestras ganas infinitas para la omisión,
una llama azul, quizás, una vida más inútil me aguarda

tú
yo misma bajo las faldas de un brasero

LA SIN MEMORIA O LA TACHADURA

¿Cómo se nos ha hecho imaginarnos desde la estructura
de una lengua que nos ha tachado desde el mismo acto
de nombramiento?

Insisten en la memoria deshabitada
en el día para memorizarlo toda una vez más
a lo largo del crecimiento de raíces.

¿Dónde vives ahora? ¿Dónde haces que se pudran tus
pensamientos?

Una conspiración acecha: es el cerebro que se reclina. Los
dedos de la mano estallan al limpiar este nuevo hogar.
Vi tu rostro parecido en ese viaje que quisiera haber
hecho contigo. En otro mundo. Juntas. Quizás. La larga
sombra de ese día en el que de niña aprendí a mentir.
Miro la piedra.

Es la composición. La luz se suprime mientras embelesan
los días de carne. La no-biografía se pierde por los
ahuecamientos de los otros (ahora quisiera no vivir en
el mismo sitio). Se despeja a sí misma. Significa nada. Se
enrolla y disuelve en la rutina.

La explotación como forma de habitar un mundo de
escombros.

Absorbo la calma de una pequeña lagartija. Es agosto. Me
muestro en un espejo de tan brillante estorbo. Alargo el
brazo, abro la estación que sucede. Esa fuerza, ¿de dónde

viene? La lagartija en su fiebre desea mi voz tapada por otras que sepan escarbar mejor. No hay chivata agua, no hay chivata saliva en el espejo para el cual me desnudo sin vergüenza.

Aquí todos tenemos nuestro sitio.

LA FÉRTIL IMPRODUCTIVIDAD

Si hemos perdido mucha vida,
es mucha aún la que nos queda.

ANGELINA GATELL

LA AMADA

Es el encuentro con la amada
el momento que enmascara la raíz.
La mirada obvia cuando en la frente fusilan filtros.

La atracción por un exilio doble
en el discurso que, no visible, tachado
a modo de ensayo de vida.

¿De dónde sangras si no percibes el significado de las
ruinas futuras?

Debe transcender. Una risa furiosa mientras en la pantalla
brotan fotografías de niños o árboles, muertos o dormidos.

El encuentro con la amada
es la traducción de un mundo mal traducido
de no albas, ni ascendente de narradas furias.

La fértil improductividad, tal vez, la sequía preñada es lo
que ofreceremos en la hora buena.

LA ABRAZADORA O LAS NIEBLAS

manos te ejecutaron
telaraña de las venas que coses con tus dientes

glaciar rayado por el ojo-aguja
corriente de un río en el que querrás hundirte

no huye el estado natural del frío
ansioso se clava
en la tela de la carne

Canción mística

me asomo al mundo
bondadoso fósforo que ilumina en noches inciertas
conversaciones de extraños tan extrañas como yo a mí
misma al deseo mortal que me consume al consumir la
luz y la batería

pantalla no ventana
reflejo de vida antipatía de códigos de un mundo mal
traducido al léxico que vampiriza rendida cazador de tal
suerte en mi pecho la pulcritud de la morada

quien una pantalla tiene
nada le falta

El pudrirse

recordamos a un dios caduco dilatado por la luz ancha
bajo la circulación mudable hasta los dientes al nacer
ya ni un nombre le otorgamos cruz-pasillo de rencor
con una cuerda de agua transparente
los pelos de la cabeza nos anudaron
a esa gente que nace y muere

los lugares insignificantes donde hemos nacido
sabemos de dónde venimos y lo detestamos

hacia este pudrirse de los seres colectivos

PRIVILEGIO DE NADIE

¿Premio o castigo? Incorruptible privilegio, la duda.
                                        JOSÉ MIGUEL ULLÁN

Gente no, pero niebla sí.

Nunca haremos cosas con palabras
porque las palabras en su sombra se nutren
de una luz insistente en lo exiguo
como amputada partida.

Nunca haremos cosas con palabras,
por eso de joven te dije que te cuidaría con el apetito que
sale de la nueva piel.

Ávida descripción:
así sea el sonido de los huesos viejos al golpear una
representación.

No hacemos cosas con palabras,
probablemente, las nubes agarradas al suelo.

Escribir el cuerpo o la ansiedad de la textura

como si alguien fuera
a tirarme una piedra
Olvido García Valdés

aprenderemos que esto ya no significa
la espesura se sincroniza y es nada tú no te
esforzaste como dureza de alma
ya no es consumar exprimir prensar una nada ya
no te reflejas

y bailaban y bailaban vuestras palabras en la luz y
en la sombra sonora
yo conozco vuestro nombre porque ocasionalmente
me roza vuestro cuerpo

la maquinaria del acontecimiento se vuelve a
activar en un mundo nuevo de metáforas

inteligible fuente cerca del lóbulo disminuye
según relevancia al ruido nunca se descarta el contexto el
registro de un experimento
transmisiones sin filtrar espectáculo frases que
debe aniquilarse
dejar debe de engañar ese discurso

solo ser cuerpo que goza de la ansiedad de la textura

repitiendo lo dicho una y mil veces como si fuera
la primera vez

escribir y no ser dueña de lo que escribes

sentimos un apocalipsis otro en el pecho
el suyo propio nuestro articulado como un despertar
unos ojos que se abren disparan al centro del
torbellino de células
acataremos la fertilidad improductiva competencia
de la barbarie escrita en el agua arrastrada por los caudales

nada como esto
nada se derrocha   nada se malgasta toda semilla se
recoge con delicadeza

una memoria que chillando
con la postilla de lo nuevo a punto de vencer
incertidumbre de los acertijos en tu boca
abierta brilla sobre la información difunta
en el presente volveremos a estar balcanizadas
lo que nos estaba pasando lo habíamos leído antes

escuchamos el canto del buche: este es el inicio de
un mundo

una convalecencia del común fanatismo
al observar esa nada que prevalece

tú tendrás el aliento insomne de la falsedad de las formas
desposeídas por el fuego

el cuerpo tiene un río y sus escondites bajo la piedra reposa adentro del humilladero te leen afluentes y los nombres se disuelven entre las manos

¡amigas mías! venid al frío río enfermo de tiempo
porque será una de esas noches donde imaginarnos

su nacimiento fue la visita inesperada ¿cómo hicieron lo impuro? nunca constituirá una línea mapa mudo del cuerpo aislado en lo doméstico interrogaron

no fuera malo en la hora muda infinitas palabras

es el artificio de la naturaleza principios universales que se singularizarán en los fundamentos de un Guadiana ¿retomaremos el tacto suave de la desembocadura?

¡alabada soledad nos dé la niebla!

a los bordes del ojo a la piel a su metabolismo cuando ya era oscurecido

Quiero agradecer a Carmen Hernández Zurbano por leer estos textos de otro modo y enseñarme sobre platos rebañados y flores que parecen pájaros.

A Paco Najarro por querer publicar este libro. El editor no debe dar nunca una idea, sino una cosa.

A mis padres porque sigo aprendiendo de sus entuertos lingüísticos.

A mis amigas siempre desde la ternura: Sandra, Rosa, Sara, Ana, Natalia, Candela, Alex, Lola, Rober, Mati, Alberto. A Raquel y a sus decires en garbayuelo. A Veronica Bernardini por acompañarme en las fundaciones.

A Julio César Galán y a su forma de especular. Al CELEI de Chile por lo que aprendí sobre los futuros.

A las lavanderas lectoras y a Mercedes Olmedo.

A mi hermano, otra herencia.

ÍNDICE

Este libro se terminó de imprimir
en febrero de 2026

RIL® editores • España

europa@rileditores.com

Se utilizó tecnología de última generación que reduce el impacto medioambiental, pues ocupa estrictamente el papel necesario para su producción, y se aplicaron altos estándares para la gestión y reciclaje de desechos en toda la cadena de producción.